Do Amor aos Filhos

O livro é a porta que se abre para a realização do homem.

JAIR LOT VIEIRA

PLUTARCO

DO AMOR
AOS FILHOS

Introdução, tradução e notas

Maria Aparecida de Oliveira Silva
Graduada em História. Mestre em História Econômica
e Doutora em História Social (USP)
Pós-Doutora em Estudos Literários (UNESP)
Pós-Doutora em Letras Clássicas (USP)

Do Amor Aos Filhos
Plutarco
Introdução, tradução e notas: Maria Aparecida de Oliveira Silva

1ª Edição 2015

© desta tradução: *Edipro Edições Profissionais Ltda.* – CNPJ nº 47.640.982/0001-40

Todos os direitos reservados. Nenhuma parte deste livro poderá ser reproduzida ou transmitida de qualquer forma ou por quaisquer meios, eletrônicos ou mecânicos, incluindo fotocópia, gravação ou qualquer sistema de armazenamento e recuperação de informações, sem permissão por escrito do Editor.

Editores: Jair Lot Vieira e Maíra Lot Vieira Micales
Produção editorial: Fernanda Rizzo Sanchez
Revisão: Erika Horigoshi
Projeto gráfico e editoração eletrônica: Estúdio Design do Livro
Arte da capa: Estúdio Design do Livro

Dados Internacionais de Catalogação na Publicação (CIP)
(Câmara Brasileira do Livro, SP, Brasil)

Plutarco
   Do amor aos filhos / Plutarco ; introdução, tradução e notas Maria Aparecida de Oliveira Silva. – São Paulo : EDIPRO, 2015.
   Bibliografia.
   ISBN 978-85-7283-906-8

   1. Filosofia grega antiga I. Silva, Maria Aparecida de Oliveira. II. Título III. Série.

14-13198   CDD-180

Índices para catálogo sistemático:
1. Filosofia grega antiga : 180

EDITORA AFILIADA

edições profissionais ltda.
São Paulo: Fone (11) 3107-4788 – Fax (11) 3107-0061
Bauru: Fone (14) 3234-4121 – Fax (14) 3234-4122
www.edipro.com.br

Sumário

Introdução, 7

Do amor aos filhos, 19

Introdução

Em *Do amor aos filhos*, Plutarco de Queroneia inova, ao escrever sobre a necessidade de os pais cuidarem de seus filhos, não pela educação, mas pelo afeto, algo raro ao pensamento de sua época.

Em virtude disso, nosso autor dialoga com o seu tempo, ao criticar os pais que veem seus filhos apenas como herdeiros de seus bens materiais, ou como seus sucessores em suas profissões.

Do amor aos filhos

Assim, Plutarco compara as atitudes dos humanos às dos animais, concluindo que é natural aos seres vivos amar suas crias, conforme lemos neste trecho:

"Nem cães amam seus cãezinhos pelo salário, nem cavalos seus potros, nem as aves suas crias, mas pelo dom, com naturalidade", porque foi reconhecido pelos sentimentos de todos que foi bem falado e com verdade. É uma vergonha, ó Zeus, que há naturalidade e graça quanto a nascimentos, dores parturientes e sustentos entre as feras, enquanto elas existem entre os homens, porque recebem dívidas, salários e subornos por vantagens. Mas esse raciocínio nem é verdadeiro nem digno de ouvir.

Do amor aos filhos, 495A-B

O cuidado com os filhos não apenas desenvolve a capacidade de afetividade dos pais, como também lhes traz a tranquilidade de uma velhice saudável ao lado de seus filhos, uma vez que estes não vão abandoná-los, nem mesmo tratá-los como estorvos em suas vidas.

Nosso autor propõe aos pais que deixem de tratar seus filhos como coisas e passem a dedicar-lhes afeto e atenção, como manifestações de carinho, o que ele afirma ser exclusivo dos seres humanos, pois os animais tratam somente da sobrevivência de suas espécies.

Nesse sentido, ele afirma:

> Por isso as mamas dos demais animais irrompem por baixo de sua barriga, e os seios das mulheres nascem por cima, próximo à região do peito, para o recém-nascido ter um lugar cômodo para ser carregado, beijado e abraçado, porque há pelo dar à luz e criar um fim que não é a utilidade, mas o amor.
>
> *Do amor aos filhos*, 496B-C

Notamos que Plutarco, que sempre defendeu a educação filosófica, matemática, ou seja, a formal como fundamentais para a formação do caráter de uma criança, reconhece, agora, que o amor entre os membros de uma família é fundamental para o crescimento da criança.

Esta tradução foi realizada diretamente do texto grego, cuja estrutura sintática buscamos preservar na medida do possível em língua portuguesa.

No entanto, houve algumas poucas variações, para que o texto na língua portuguesa se tornasse inteligível, uma vez que nem sempre o texto grego, quando traduzido literalmente, oferece compreensão ao leitor.

Nesta tradução de *Do amor aos filhos*, utilizamos a edição de W. R. Paton; M. Pohlenz e W. Sieveking. *Plutarchus*: Moralia, vol. 3. Leipzig: Teubner, 1972.

MARIA APARECIDA DE OLIVEIRA SILVA
Graduada em História. Mestre em História Econômica e Doutora em História Social (USP).
Pós-Doutora em Estudos Literários (UNESP).
Pós-Doutora em Letras Clássicas (USP).
Obras publicadas: *Plutarco historiador*: análise das biografias espartanas (2006); *Plutarco. Da malícia de Heródoto. Estudo, tradução e notas* (2013); e *Plutarco e Roma*: o mundo grego Império (2014) – Todos publicados pela EDUSP.

Do amor
aos filhos

493A · Assembleias julgadoras e diretrizes dos tribunais estrangeiros, por desconfiança uns dos outros, foram concebidas primeiro pelos gregos.

493B · Uma justiça externa, tal como qualquer coisa necessária, não nasceria, se não eles não a pedissem.

Então será que também os filósofos, quanto a alguns problemas, por divergências uns dos outros, invocam a natureza dos animais irracionais, tal como uma cidade estrangeira; pelas suas experiências e costumes, como incorruptíveis e íntegros, proferem a sentença?

Ou também isso é comum à acusação da maldade humana, nas mais e maiores necessidades, duvidosos, nós procuramos em cavalos, cães e pássaros, 493C · como nos casarmos e nos reproduzirmos, e criarmos nossos filhos, como se em nós mesmos não houvesse nenhum indício da natureza.

Os costumes das feras e suas experiências expressam e testemunham por nossa vida em uma natureza muito desregrada e transgressora, logo no início, quando confundidos e desorientados sobre os princípios?

A natureza naqueles preserva sua característica pura, constante e simples; nos homens, pela razão e pelo hábito, que é o óleo de oliva testado pelos perfumistas, porque, muitas vezes, misturada com doutrinas e decisões adicionais que a tornam matizada e prazerosa, sua propriedade não é conservada.

493D ·   E não nos admiramos, se os animais irracionais seguem sua natureza mais do que os racionais; também as plantas mais do que os animais, aos quais nem imaginação, nem rédea deram; pelas outras coisas, por propensão, mantêm-se afastados do que é conforme a sua natureza, mas tal como na prisão, elas permanecem cúmplices e dominadas, há sempre uma saída que a natureza traz para sua passagem.

As feras não têm a astúcia da razão, magnificência e excessivo amor pela liberdade, têm impulsos irracionais por propensões e utilizam caminhos errantes e enganosos, mas, com frequência, não por muito tempo, porque se apoiam nas âncoras da natureza, que, então como um senhor, sob rédea e freio seus, indica o caminho correto a trilhar.

493E ·   E a razão é independente e soberana no homem, divaga de um lado para o outro, inventa inovações e não abandona nenhuma marca manifesta nem visível de sua natureza.

Vê, em relação aos casamentos, quanto são conformes à natureza entre os animais.

DO AMOR AOS FILHOS

Primeiro, não está submetido às leis do celibato e do casamento tardio, como os cidadãos de Licurgo[1] e de Sólon[2], nem concede desonra ao sem filhos, nem persegue as honras dos três filhos – como muitos romanos casam e procriam, não os têm para que tenham herdeiros, mas para poderem herdar.

---

[1] Legislador espartano, século VII a.C., conhecido por ter implementado um conjunto de leis denominado Grande Retra, que os espartanos acreditavam terem sido ditadas pelo oráculo de Delfos. Para mais detalhes sobre o legislador e suas leis, consultar Plutarco, *Vida de Licurgo* e *Vida de Sólon*, XVI, 2, e Xenofonte, *A Constituição dos Lacedemônios*.

[2] Legislador e poeta ateniense, século VI a.C. Sobre ele, há uma biografia plutarquiana; ler Plutarco, *Vida de Sólon*. Também podemos colher informações a seu respeito em *Constituição Ateniense*, de Aristóteles, e de seus próprios poemas e fragmentos deles remanescentes em nosso tempo.

Depois, a relação sexual do macho com a fêmea não é o tempo inteiro; pois não tem como fim o prazer, mas a fecundação e a procriação; por isso, na primavera do ano, em que há sopros reprodutivos, emprenham na temperatura conveniente, a própria fêmea, mansa e desejosa, vem ao macho, glorificada pelo doce odor de sua pele e pela sua peculiar beleza do corpo, cheia de orvalho e de relva pura; e quando percebe que está prenha e saciada, parte com disciplina e planeja a concepção e a salvação de quem colocará no mundo.

Não é digno falar sobre os feitos, exceto sobre o que cada um deles gera em seu amor, por planejamento, perseverança e temperança.

Mas nós consideramos a abelha e a chamamos de sábia "por preparar o dourado mel"[3], enquanto o deleite e a excitação nos adulam pelo prazer, e negligenciamos a sabedoria e a arte dos demais quanto ao parto e à alimentação.

---

[3] Simônides, frag. 43 Diehl, 88 (593 p.).

    Um exemplo direto, a alcíone prenha constrói seu ninho recolhendo espinhas de agulha-do-mar, entrelaçando-as umas com as outras, e unindo partes despedaçadas, como se faz um cesto de pesca oblongo, com harmonia e vivacidade; após compactar com acuidade as espinhas dos peixes, coloca-o na quebra da onda, porque foi batida com calma e comprimida; a lã sovada produz uma aparência hermética; difícil de ser partida, tanto com ferro como com pedra.

O que é mais admirável é que, assim, a entrada do ninho foi moldada simetricamente para o tamanho da alcíone, de modo a não entrar outro animal nem maior nem menor, como se diz, a não receber nada do mar.

494C · Sobretudo os esqualos que os conservam vivos em si mesmos e permitem que suas crias saiam deles e se nutram, em seguida, eles os retomam e os envolvem para dormir em suas entranhas.

A ursa, a fera mais selvagem e raivosa, dá à luz seres amorfos e inarticulados; com a língua como instrumento, concede forma aos seus membros, por não pensar apenas em gerar, mas também em formar o filho.

O leão homérico[4],

Assim, homens caçadores deparam
com ele na floresta, carregando seu filhote,
ele esplêndido pelo vigor, todo orgulhoso,
volta-se para baixo, escondendo os olhos.[5]

---

[4] Símile de Homero, no qual o poeta compara Ájax com uma leoa, para descrever o modo como o herói vigiou o cadáver de Pátroclo.

[5] Homero, *Ilíada*, XVII, 134-136.

494D · Será que não é semelhante por pensar em fazer aliança com caçadores pelos filhos?

Em geral, o amor aos filhos torna corajosa a covardia, fácil a laboriosa, parcimoniosa a glutonaria; e, tal como a ave homérica carrega para seus filhotes:

O sustento, depois que o pega;

por ele, ela passa mal;[6]

---

[6] Homero, *Ilíada*, IX, 324.

pois alimenta suas crias com sua própria fome, controlando o alimento recolhido com o bico, comprimindo seu estômago, que não o engula distraída.

DO AMOR AOS FILHOS

Como uma cadela delicada entre seus

filhotes, quando percebe um homem vindo,

late e parte para a luta furiosa,[7]

494E · lança no coração, como se fossem o seu segundo,

o medo pelos filhos.

---

[7] Homero, *Odisseia*, XX, 14-15.

As perdizes, quando perseguidas com seus filhotes, elas permitem que eles voem adiante e fujam, enquanto planejam o conveniente para que os caçadores virem-se próximos a elas e, quando pouco falta para apanhá-las, elas fogem às pressas; em seguida, outra vez se detêm e se apresentam ao alcance da esperança deles e assim enfrentam o perigo, até a salvação de suas crias e as conduzem para longe de seus perseguidores.

Todos os dias, temos sob os olhos o hábito das galinhas de rodear suas crias, de abrir as asas para encobrir umas, enquanto carregam outras nas costas, avançam de todo modo, com a alegria de suportar qualquer coisa e de expressar seu amor; quanto às cadelas e cobras, quando temem por si mesmas, fogem; quando por seus filhotes, defendem e lutam além de sua capacidade.

Logo pensamos que esses sentimentos neles é a natureza atuando para o crescimento dos pintinhos, também percebida entre cães e ursos, mas não nos envergonha e prejudica, se considerarmos que esses exemplos existem para os que os seguem.

Aos insensíveis, resta a vergonha da apatia; por causa deles, acusam a humanidade de ser a única da natureza que não ama sem um dote, nem sabe amar sem proveito?

Admira-se nos teatros quem diz

Quem entre os homens
ama um homem pelo salário?[8]

---

[8] Kock, *Com. Att. Frag.,* III, p. 450, ades. 218.

Todavia, conforme Epicuro[9], o pai em relação ao filho, a mãe ao rebento, os filhos aos genitores.[10]

---

[9] Nascido na ilha grega de Samos em 341 a.C., o filósofo dirigiu-se a Atenas para desenvolver suas teorias e dar início à Escola Filosófica Epicurista, permanecendo lá até a sua morte em 270 a.C.

[10] Usener, *Epicurea*, frag. 528, p. 320.

Mas, se a compreensão pelo discurso ocorresse às feras e lá alguém, reunindo cavalos, bois, cães e aves e, alterando o escrito, gritasse que "nem cães amam seus cãezinhos pelo salário, nem cavalos seus potros, nem as aves suas crias, mas pelo dom, com naturalidade", porque foi reconhecido pelos sentimentos de todos que foi bem falado e com verdade.

É uma vergonha, ó Zeus[11], que haja naturalidade e graça quanto a nascimentos, dores parturientes e sustentos entre as feras enquanto elas existem entre os homens, porque recebem dívidas, salários e subornos por vantagens.

---

[11] Pai dos deuses e dos homens, Zeus, filho de Crono e Reia, reinou sobre todos depois de destronar seu pai; sobre a origem e os acontecimentos que antecederam seu reinado, ler Hesíodo, *Teogonia*, 468-506.

Mas esse raciocínio nem é verdadeiro, nem digno de ouvir.

A natureza faz brotar, tanto em plantas agrestes como em vinhedos florescentes, figueiras selvagens, oliveiras rústicas, frutos completamente acres e imperfeitos entre os cultivados, assim concedeu um amor aos filhos imperfeitos, aos irracionais, que

495C · não é suficiente para dar-lhes a justiça, dado que por nada além da necessidade eles se movem, enquanto o homem, um animal racional e político, conduziu-os para a justiça, a lei, as honras dos deuses, a edificação de cidades, a bondade.

Quanto à nobreza e à beleza, e as sementes frutíferas dessas apresentam-se no amor e no encanto com os filhos, que os acompanharam nos primeiros momentos; essas estão na constituição de seus corpos.

De todo modo, a natureza é precisa, engenhosa, inesgotável e simples, "nada", como disse Erasístrato, "tem de insignificante", não é digno nem conveniente falar sobre os assuntos da procriação e como nem é muito certo desenvolver nomes e conceitos sobre assuntos proibidos, mas o é dessas partes relegadas e escondidas, para compreender além disso a natureza da concepção e do parto.

A produção e a economia do leite revelam a presciência e o cuidado dela[12].

---

[12] Dela, trata-se da natureza, *phýsis* (φύσις).

Pois uma quantidade do sangue é resíduo, pela necessidade nas mulheres, por causa de seu enfraquecimento e sua pouca respiração, que nelas vagueia e as importuna.

Durante outro tempo, por si mesma, acostuma-se e dedica-se entre os dias dos meses finais do período a abrir canais e passagens, quando o outro corpo está drenado, a aliviá-lo e purificá-lo, mais tarde, o útero, tal uma terra lavrada e semeada, produz no momento oportuno a fertilização das plantas.

O útero acolhe a semente precipitada e a envolve, gerando uma raiz ("o umbigo é o primeiro no ventre"[13], como diz Demócrito[14], "desenvolve a ancoragem pelo balanço e pela errância, um cabo de navio e um ramo de videira" pelo fruto gerado e pelo vindouro); durante os últimos meses, a natureza encerra as purificações das artérias, serve-se recebendo o alimento transportado pelo sangue e inunda o feto já se formando e moldando, até que o espaço de tempo seja conveniente para que ele cresça dentro; depois de gerado, necessita de outros lugares e alimentos.

---

[13] Diels-Kranz, *Die Frag. Der Vors.*, II, p. 171, fr. b 128.

[14] Século V a.C. filósofo nascido em Abdera, na Trácia, Demócrito é conhecido por sua teoria atomista e seus ditos em prol da moderação.

Nesse momento, então, quanto ao sangue, [a natureza] é em tudo mais elaborada do que um jardineiro ou um condutor de dutos, que, pela necessidade de fazer o desvio de um lugar para outro e de mudar de função, tem preparado mais ou menos nove fontes, que fluem pelo curso d'água e que não são recebidas de modo ocioso nem apático, mas que podem ser digeridas pelo calor afável e pela suavidade feminina da respiração, tornando-se refinadas e modificadas.

496A ·

Do amor aos filhos

Tal o seio tem em sua formação e constituição.

Não há correntes de leite, nem fluxos contínuos retidos, porque suavemente filtra as artérias do seio por pequenos poros e fornece sua provisão para que termine adequado à boca do recém-nascido, agradável de tocar e de abraçar.

Mas esses tantos recursos de distribuição na geração, quantos os de provimento, de aspiração e de presciência em nada seriam úteis, se a natureza não incutisse o amor aos filhos e a solicitude em suas geradoras.

496B · *Pois não há nada mais lamentável do que o homem,*

todos quantos respiram e rastejam pela terra[15]

---

[15] Homero, *Ilíada*, XVIII, 446-447.

– quanto a isso, não se engana se fala sobre a criança pequena, ainda recém-nascida.

Pois não há nada de tão imperfeito, disforme e impuro como ver um homem em seu nascimento; somente a ele a natureza não concedeu um caminho simples e puro para a luz, mas ensopado pelo sangue, repleto de sangue impuro, mais parecido com um assassinado do que com um nascido, ninguém o quer tocar, carregar, beijar e abraçar, ou amá-lo com naturalidade.

496C · Por isso as mamas dos demais animais irrompem por baixo de sua barriga, e os seios das mulheres nascem por cima, próximo à região do peito, para o recém-nascido ter um lugar cômodo para ser carregado, beijado e abraçado, porque há pelo dar à luz e criar um fim que não é a utilidade, mas o amor.

Remeta o discurso aos de antigamente, entre eles, às primeiras cabia parir, enquanto a eles vir para assistir o parto do bebê.

Não lhes havia nenhuma lei para a procriação, nem expectativa de agradecimento nem custeio "por terem sido prestimosos quando jovens"[16].

---

[16] Platão, *As Leis*, 717c.

Eu diria que as mães eram mais duras e ressentidas com seus bebês pelos grandes riscos e sofrimentos que ocorriam com elas.

496D · *Como quando a mulher em parto tem um afiado dardo pungente que enviam as Ilítias[17] das dores do parto, filhas de Hera[18], que dominam as lancinantes dores[19]*

---

[17] Conforme o verbete de Daremberg e Saglio, Ilítia é um nome cuja grafia varia conforme a época e o autor. No caso de Plutarco, percebemos que Ilítia, filha de Hera, louvada como protetora dos partos, é vista no coletivo, tal como ocorre com as Cárites, Erínias e outras. Os referidos autores ainda destacam a proximidade desta divindade com Ártemis, que lhe serve de epíteto, uma vez que a irmã de Apolo também está associada ao momento do parto.

[18] Filha de Crono e Reia, irmã e esposa de Zeus, é a principal deusa do Olimpo. A principal característica de Hera retratada na literatura é a sua indignação frente à infidelidade de seu companheiro, não poupando esforços para perseguir os amantes de Zeus e os frutos dessas uniões ilegítimas.

[19] Homero, *Ilíada*, XI, 269-271.

– as mulheres dizem que isso não foi Homero[20] que escreveu, mas uma Homerida[21] depois de parir ou ainda parindo, quando suportava a picada da dor lancinante e aguda por igual nascente em seu ventre materno.

---

[20] Poeta épico grego a quem é atribuída a autoria dos versos em hexâmetro dactílicos da *Ilíada* e da *Odisseia*. Estudos realizados sobre a cronologia de suas obras nos trazem informações de que datam dos séculos XII a IX a.C.

[21] Literalmente: uma filha de Homero.

Mas a natureza a inclina e a conduz para o amor aos filhos; ainda quente, dolorida e abalada pelas fadigas, não negligencia o recém-nascido, mas presta atenção nele, sorri para ele, e o carrega e o beija, não usufruindo de deleite nem de vantagem, mas recebendo pena e sofrimento, entre detritos, "com as fraldas,

confortando-o e limpando-o, fadiga após fadiga da noite alternando com a do dia"[22].

---

[22] Nauck², *Trag. Graec. Frag.*, adesp. 7.

Quais salários ou vantagens tinham aqueles disso?

Mas não há aos de agora; pois as esperanças são incertas e prolongadas.

Se no equinócio da primavera cava-se para a vinha, e pelo outono colhe-se a videira; se semeia trigo mergulhado pelas Plêiades[23], colhe-o no verão; se fizer crescer, bois, cavalos, pássaros estarão prontos para parir crias úteis.

---

[23] Plêiades eram as sete filhas de Atlas e Plêione, que, após uma perseguição do caçador apaixonado Orion, Zeus salvou-as, transformando-as em estrelas da constelação com o mesmo nome delas.

Do amor aos filhos

A criação do homem é muito penosa e o seu crescimento é lento. Porque é da virtude ser tardia, a maioria dos pais morre antes.

Néocles[24] não viu a Salamina[25] de Temístocles[26], nem Milcíades[27] viu a Eurimedonte de Címon[28], nem

---

[24] Natural de Atenas, século VI, conhecido por ser o pai do político e general Temístocles.

[25] Ilha localizada ao sul de Pireu, o porto de Atenas.

[26] Político e general ateniense do século V a.C., incentivador da construção da frota ateniense que possibilitou sua vitória contra os persas em Salamina em 480 a.C., episódio relatado por Heródoto, *História*, VII, 143 e Tucídides, *História da Guerra do Peloponeso*, I, 93. Há também uma breve biografia escrita por Cornélio Nepos, com dez curtos capítulos, em que o autor cita Tucídides como sua fonte principal, além de outra mais extensa composta por Plutarco.

[27] Filho de Címon. Em suas *Histórias*, Heródoto relata a participação de Milcíades na batalha de Maratona, sua ida ao Quersoneso e sua aclamação como tirano da região são relatadas no livro VI, *Passim*.

[28] Político ateniense, século V a.C., filho de Miltíades, um aristocrata ateniense, e de uma princesa da Trácia. Principal opositor de Péricles, foi condenado ao ostracismo em 461 a.C., sob acusação de ser partidá-

Xântipo[29] ouviu Péricles[30] discursar, nem Aríston[31]

---

rio de Esparta. Consultar Tucídides, *História da Guerra do Peloponeso*, I, 98-112 e Plutarco, *Vida de Címon*.

[29] Arconte ateniense, século VI a.C., e pai de Péricles.

[30] Político ateniense do século V a.C. conhecido por seus persuasivos discursos, os quais convenceram os atenienses a deflagrar a guerra contra os espartanos e seus aliados. Morto em 429 a.C., vitimado pela peste que se alastrou em Atenas, portanto, logo nos primeiros anos da guerra do Peloponeso (431-404 a.C.). Encontramos registros de sua origem em Heródoto, *História*, VI, 131 e de suas ações políticas e discursos em diversos livros de Tucídides, em sua obra *História da Guerra do Peloponeso*. Também há referências em Aristófanes, em suas comédias *A Paz* e *Os Acarnenses* e ainda nas biografias de Péricles compostas por Cornélio Nepos e Plutarco, em que se podem encontrar mais detalhes sobre sua vida e sua personalidade.

[31] Pai de Platão.

Platão[32] a filosofar, nem os pais de Eurípides[33] e de Sófocles[34] conheceram suas vitórias; porque os ouviam gaguejar e soletrar, e viam algazarras, bebedeiras e amantes, esses jovens comportarem-se mal.

497A ·

---

[32] Filósofo grego, século IV a.C., discípulo de Sócrates, escritor do gênero dialógico pelo qual perpassam seus conceitos filosóficos de forma dialética.

[33] Tragediógrafo grego, 480-406 a.C., nasceu na ilha de Salamina, região da Ática, no dia da batalha naval travada ali contra os persas. A data mais provável é 29 de setembro. Sobre a batalha na ilha, consultar Heródoto, *Histórias*, VIII. No teatro, Eurípides celebrizou-se pela invenção de um expediente cênico conhecido como *Deus ex machina*, em que o desfecho do drama ocorre de forma inesperada, com a intervenção de uma divindade.

[34] Sófocles, 496-405 a.C., nascido em Colono, vizinha a Atenas, foi tragediógrafo e também desempenhou funções militares.

De modo a louvar e lembrar somente isso de Eveno[35], somente isso porque escreveu:

Ou temor, ou dor é um filho ao pai durante muito tempo![36]

---

[35] Eveno de Paros, poeta elegíaco grego, século V a.C.
[36] Fr. 6, Diehl.

Mas, apesar de tudo, não param de criar filhos, sobretudo os que menos necessitam de filhos.

Pois seria risível se alguém pensasse que os ricos fazem sacrifícios e se alegram porque geraram seus próprios filhos, porque terão de alimentá-los e enterrá-los.

Por Zeus! Se não fosse a dificuldade de herdeiros, não criariam filhos; pois não há para descobrir nem para encontrar um querendo pegar as coisas alheias.

Não há areia, ou poeira,
ou asas de pássaros canoros que se
espalharia em tão grande número[37]

---

[37] Fr. *chor. adesp.* 15 Diehl e Edmonds, *Lyra Graeca* III 79, 89 (1.007 p.).

quanto ao dos herdeiros.

Dânao é pai de cinquenta filhas,[38]

497B   se fosse um sem filhos, teria muitos herdeiros, e não da mesma qualidade.

---

[38] Nauck, *Trag. Graec. Frag.*², Eurípides, p. 427, fr. 228, 1 de Arquelau.

Pois os filhos não têm nenhum favor recebido, não é por isso que cuidam deles nem os honram, porque recebem a herança como seu dever.

Entre os estrangeiros, ouve-se dizer que o sem filho é tal aqueles cômicos,

ó Demo, solta primeiro uma sentença, coma,

engole tua papa, tem três óbulos[39]

---

[39] Aristófanes, *Cavaleiros*, 50-51.

e pelo dito por Eurípides:

a riqueza descobre amigos para os homens, sua maior força há entre os homens,[40]

---

[40] Eurípides, *Fenícias*, 439-440. O segundo verso, de fato, foi emprestado de Sófocles. Consultar fr. 85.1 Nauck, *Trag. Graec. Frag.*²

497C ·   não é uma verdade absoluta, mas está entre os sem filhos. Os ricos os convidam para jantar, os governantes cuidam deles, os oradores somente lhes advogam sem custos.

Poderoso é o rico que ignora quem
tem como herdeiro.[41]

---

[41] *Frag. com. adesp.* 404 Kock.

Assim, embora muitos tenham numerosos amigos e veneradores, quando lhes nasce um filho, eles se tornam sem amigos e impotentes.

Em razão disso, a vinda dos filhos não é pelo poder nem pela utilidade, mas pela natureza, por todo o seu poder, que não é menor nos homens do que nas feras. Isso e muitas outras coisas são obscurecidas pelo vício, tal como um matagal brotando entre sementes cultivadas; ou dizemos que, por natureza, o homem não se ama, porque muitos se degolam e pulam de um precipício.

Édipo[42]

golpeava acertando os olhos; seu sangue

banhava por igual pupilas e queixo[43],

---

[42] Laio, rei de Tebas, casou-se com Jocasta e, juntos, geraram Édipo, o filho que, destinado ao infortúnio, cumpriu a profecia délfica de que mataria seu pai e desposaria sua mãe. Para melhor compreensão do mito de Édipo, há a *Trilogia Tebana* escrita por Sófocles, tragediógrafo grego do século V a.C., composta pelas peças *Édipo Rei*, *Antígona* e *Édipo em Colono*.

[43] Sófocles, *Édipo Rei*, 1276-1277.

Hegésias[44], após discursar, persuadiu muitos dos seus ouvintes a morrer de inanição.

muitas são as formas das divindades[45];

isso é tal como aquelas doenças e paixões da alma que deslocam o homem de sua natureza, assim eles testemunham contra si mesmos.

---

[44] Filósofo, século III a.C., expoente da doutrina hedonista. Conforme o relato de Diógenes de Láercio, em *Vidas e Doutrinas dos Filósofos Ilustres*, II, 86 e 93 ss., Hegésias defendia o suicídio como forma de libertação das angústias humanas.

[45] Máxima que se repete no final de várias peças eurpidianas, a saber, *Alceste, Andrômaca, Helena* e *Bancantes*.

Depois de parir, se uma porca despedaçar seu leitão ou a cadela o seu cachorrinho, preocupam-se, ficam irrequietos, fazem sacrifícios expiatórios aos deuses e consideram isso um pavoroso presságio, porque, para todos, odiar a cria é contra a natureza e convém criá-la, não destruí-la.

497E · Mas, certamente, tal como nas minas, a natureza mistura o ouro com muita terra e o oculta, todavia, ele resplandece, assim ela, natureza, revela o amor aos filhos aos que erram por seus caráteres e paixões.

Os pobres não criam os filhos por temerem o pior, ou porque convém alimentar a servidão, a ignorância e a carência de todas as coisas belas; porque consideram a pobreza um extremo mal, não se consentem transmiti-la aos filhos, como se fosse uma insuportável e grande doença**[46].

---

[46] Lacuna no manuscrito.